Dieses Buch gehört:

....

FSC
MIX
Papier aus verantwortungsvollen Quellen
FSC® C015559
www.fsc.org

Wir produzieren nachhaltig
• Klimaneutrales Produkt
• Papiere aus nachhaltigen und kontrollierten Quellen
• Hergestellt in Europa

Illustrationen: Lori Tyminski und das Disney Storybook Art Team
Texte:
„Klopfer und die quakende Ente", geschrieben von Laura Driscoll, © 2014 Disney Enterprises, Inc.
„Ein Tag mit Papa" geschrieben von Kitty Richards, © 2009 Disney Enterprises, Inc.
„Klopfers Sommertag", geschrieben von Laura Driscoll, © 2008 Disney Enterprises, Inc.
„Ich hab euch lieb, meine Häschen!", geschrieben von Laura Driscoll, © 2009 Disney Enterprises, Inc.
„Klopfer findet eine Freundin", geschrieben von Laura Driscoll, © 2008 Disney Enterprises, Inc.
„Gute Nacht, Klopfer", geschrieben von Elle D. Risco, © 2015 Disney Enterprises, Inc.

Disney

Klopfer & seine Freunde

Zauberhafte
GUTENACHT-
GESCHICHTEN

NEL SON

INHALT

KLOPFER und die quakende Ente

Es war ein schöner Frühlingsnachmittag. Den Vormittag hatten die Häschen damit verbracht, ihrer Mama zu helfen und miteinander zu spielen. Nach dem Mittagessen war es nun Zeit für ein kleines Nickerchen im weichen Klee.

Klopfer hatte gerade einen besonders schönen
Traum, als er plötzlich von einem sehr lauten
Geräusch geweckt wurde. Verschlafen sah er sich
nach dem Geräusch um. Es waren nicht seine
Schwestern, es waren nicht die Vögel und es
waren auch nicht Mama oder Papa. Klopfer
wippte mit dem Fuß, während er nachdachte.
Was für ein Geräusch könnte es sein?

Und dann hörte Klopfer es wieder. Rasch hoppelte er zum Wasser hinunter. Das Geräusch wurde immer lauter. Und da entdeckte Klopfer den Geräuschemacher – eine kleine, gelbe Ente auf dem Wasser.

„QUAK!", machte die Ente.

„Schhhhhh", machte Klopfer.

Klopfer sah die Ente an und zeigte auf seine
Schwestern.

„Sie schlafen", flüsterte Klopfer.

„QUAK!", machte die Ente.

„Du musst leise sein", flüsterte Klopfer wieder.
Er versuchte der Ente zu zeigen, wie das ging.

„Quak", machte er ganz leise.

„QUAK!", krakeelte die Ente.

Klopfer seufzte. Mit dieser Ente kam er nicht
weiter. Also hoppelte er zurück zu seinen
Schwestern, um sein Nickerchen fortzusetzen.
Aber die Ente hatte andere Pläne.
Sie watschelte hinter Klopfer her.
Nachdem er sich hingelegt hatte, hüpfte sie
auf seinen Rücken. „QUAK!"

Die Ente wartete darauf, dass Klopfer aufwachte
und mit ihr spielte. Bald hüpften die Schwestern
des Entenkükens herbei. Sie wollten wissen,
was vor sich ging.

„Quak!"

„Quak?"

Klopfer bemühte sich sehr, weiterzuschlafen.
Aber die Enten waren so laut. Klopfer schloss
die Augen ganz fest und dachte nach. Ihm kam
eine Idee.

Klopfer sprang und machte laut: „QUAK!"

Die Entenküken sprangen ebenfalls auf. Sie waren
froh, dass Klopfer endlich spielen wollte. Klopfer
hoppelte zu seinen Schwestern hinüber, und die
Entenküken folgten ihm.

„QUACK!", machte Klopfer wieder. Seine
Schwestern wachten auf. Die Entenküken
kicherten. Die Häschen kicherten.

Dann watschelten die Enten zurück zum Wasser.
Klopfer und seine Schwestern folgten ihnen. Jetzt,
wo sie wach waren, wollten sie spielen!

Die Entenküken und die Häschen hatten viel Spaß zusammen! Sie spielten Verstecken und Fangen. Dann futterten sie Beeren und planschten im Wasser. Nach einer Weile machte eines der Entenküken auf einmal: „Psst!"

Das Küken gähnte laut. Das Spielen hatte es
müde gemacht. Also legten sich die Enten und
die Häschen gemeinsam in den weichen Klee
und schlossen die Augen für ein gemütliches
Nickerchen.

Pssst!

EIN TAG MIT Papa

Klopfer war furchtbar aufgeregt.

Heute verbrachte er einen ganzen Tag mit seinem

Papa. Klopfer war gespannt, was Papa sich für

ihn ausgedacht hatte. Vielleicht würden sie ja

auf einen Berg steigen oder eine Höhle erkunden.

Auf jeden Fall würden sie ein großes Abenteuer

erleben!

„Ich dachte, wir sammeln etwas Grünzeug für das
Abendessen", sagte Klopfers Papa. „Denk daran,
Grünzeug ist ein ganz besonderer Leckerbissen.
Es macht lange Ohren – und große Füße!"
„Ja, Papa", sagte Klopfer, aber sein Herz wurde
schwer. Enttäuschung machte sich breit. Grünzeug
sammeln war doch kein Abenteuer!
Nach einer Weile bekam er großen Durst.
„Aber nicht trödeln", sagte sein Papa. Klopfer
nickte und machte sich auf den Weg zum Teich.

Dort entdeckte er eine Schar kleiner Enten, die sich fröhlich im Wasser tummelten.

Das sah nach einer Menge Spaß aus!

Er wollte die Enten gerade fragen, ob er mitspielen durfte, als er sich an die Worte von Papa erinnerte.

Er hatte versprochen, nicht zu trödeln.

Klopfer hoppelte weiter und traf auf seinen Freund, das Opossum.

„Hallo, Klopfer!", sagte das Opossum.

„Willst du mit mir auf den Baum klettern?"

Klopfer wollte unbedingt. Auf einen Baum zu klettern, sah nach einem großen Abenteuer aus.

„Okay!", sagte Klopfer und vergaß dabei seinen Papa.

Mit etwas Unterstützung von seinem Freund

erkundete Klopfer bald die alte Eiche.

Klopfer und das Opossum kletterten Ast für Ast
den Baum hinauf. Das machte so viel Spaß!
Die Freunde steckten ihre Köpfe in ein Loch
im Baumstamm. Schläfrig blickte ihnen
eine Eule entgegen.
„Huhuuu! Huhuuu!", machte sie.

Dann entdeckten sie
einige Vogelbabys
in ihrem Nest.
„Piep! Piep!“,
zwitscherten die
Vogelbabys.

Kurz danach näherten
sich die Freunde vorsichtig
einem Bienenstock.
„Summ! Summ!“,
machte es.

„Ich muss jetzt los", sagte das Opossum, nachdem sie eine Weile gespielt hatten. „Mein Vater wartet auf mich."

Oje! Klopfer fiel sein eigener Papa wieder ein.

„Ich habe versprochen, dass ich nicht nicht trödeln werde. Papa wird bestimmt wütend sein", dachte Klopfer traurig.

Er schaute nach unten. Der Boden war sehr weit weg. Wie sollte er jemals wieder hinunterkommen?

Klopfer wurde sehr nervös. Er hatte wirklich
absolut keine Idee, wie er von diesem Baum
wieder hinunterkommen sollte.

Er setzte sich auf einen großen Ast und seufzte.

„Nur eine Person kann mir jetzt noch helfen",
meinte er niedergeschlagen.

Die weise, alte Eule setzte sich neben Klopfer auf
den Ast. „Wer denn?", fragte sie.

„Mein Papa", antwortete Klopfer. Er war sehr
traurig.

„Und ich dachte schon, du kommst nicht mehr
darauf!", hörte Klopfer plötzlich eine vertraute
Stimme von unten.

„Papa?", fragte er hoffnungsvoll.

„Ja, Klopfer, ich bin's", antwortete sein Papa. „Jetzt
atme einmal tief durch, und schau nach unten."

Als Klopfer vorsichtig nach unten blinzelte,
sah er seinen Papa mit ausgestreckten Armen vor
ihm stehen.

Erleichtert ließ Klopfer sich in die Arme seines
Papas fallen. „Bitte hab keine Angst davor, mich
um Hilfe zu bitten. Ich bin dein Vater, und ich
werde immer für dich da sein!"
„Ich weiß, Papa." Klopfer sah ihn dankbar an.
Dann hoppelten sie nach Hause.

An diesem Abend fraßen die Häschen das frische Grünzeug. Alle waren sich einig, dass es sehr lecker war.

„Habt ihr viele Abenteuer erlebt?", fragte Tessie.

„Aber ja", brüstete sich Klopfer. „Ich bin sogar auf einen Baum geklettert!"

Daisy machte große Augen. „Hattest du Angst?"

„Was für eine alberne Frage", sagte Trixie spöttisch. „Klopfer hat niemals Angst."

Klopfer sah seinen Vater an, der ihm verschwörerisch zuzwinkerte. Er war glücklich, dass sie den Tag gemeinsam verbracht hatten!

Klopfers
SOMMERTAG

Es war ein sehr heißer Sommertag. Klopfer liebte den Sommer.

Im Sommer war die Sonne warm, das Wasser war kühl, und alle seine Freunde waren da. Er stampfte mit seiner Pfote auf und lief zu seinen Schwestern.

Gemeinsam hoppelten die Häschen durch den Wald und genossen die warme Sommersonne.

Bald fanden sie einen kleinen Hügel und rutschten abwechselnd hinunter. Dabei kicherten sie vor Freude.

„Das macht Spaß!", rief Tessie.

Dann liefen sie umher und spielten eine Runde
Fangen. Aber nach einer Weile war allen kleinen
Häschen sehr heiß. Die Sonne brannte auf sie nieder.
„Ich habe eine Idee!", sagte Klopfer. „Lasst uns
schwimmen gehen!"
Klopfers Schwestern jubelten. Sie liefen zum Fluss,
um sich abzukühlen. Platsch, platsch!

Nachdem sie sich abgekühlt hatten, wurde das Abenteuer fortgesetzt.

Klopfer führte sie durch den Wald. Sie sahen einige Vögel und jede Menge Blumen. Daisy blieb stehen, um an ihnen zu schnuppern.

Dann hoppelten sie zu einer versteckten Höhle. „Ooooh", machten die Häschen verzückt.

„Ich finde, es ist zu heiß, um weiter auf
Entdeckungstour zu gehen", sagte Klopfer.
Seine Schwestern gaben ihm recht.
„Können wir zum Fluss zurückgehen?", fragte die
kleine Tessie. „Das ist eine gute Idee", sagte Klopfer.
Die anderen Schwestern nickten zustimmend.
Als sie am Fluss ankamen, hüpfte Klopfer auf ein
kleines Stück Holz und ließ sich treiben. Er winkte
seinen Biberfreunden zu. Die Wolken segelten
über den Himmel.

Nachdem sich die Häschen am Wasser ausgetobt
hatten, hoppelten sie über die Wiese zurück.
Ria fand einen großen, Schatten spendenden
Baum, unter dem sie sich ausruhen konnten.
Im Schatten war es kühl. Die Häschen lagen dort
und beobachteten die Wolken. Dann schlugen sie
sich mit saftigen Beeren die Bäuche voll.

Schließlich machte die Sonne ein Nickerchen.

Die Wolken, die die Häschen beobachtet hatten,

waren Regenwolken gewesen. Und zur Freude der

Häschen begann es tatsächlich zu regnen.

Die Häschen genossen das kühle Nass.

Sie hoppelten und tanzten fröhlich durch

die Pfützen.

Nach ihrem langen Tag wurde es jetzt Zeit für das Abendessen. Klopfer und seine Schwestern waren richtig hungrig. Sie fanden Mama und Papa. In der kühlen Brise des Abends gab es ein leckeres Picknick. Dann sahen sie dabei zu, wie die Sonne nach Hause ging ...

Mama und Papa führten die Häschen durch den
Wald, während es langsam dunkel wurde.

„Hattet ihr einen schönen Tag?", fragte Mama.

„Den allerbesten!", antwortete Klopfer. „Ich liebe den
Sommer."

Klopfers Schwestern konnten da nur zustimmen. Im
Mondschein hoppelten sie gemeinsam nach Hause.

Endlich war der Frühling in den Wald
gekommen. Die Schmetterlinge flogen von Blume
zu Blume, und die Rotkehlchen zwitscherten
fröhlich in den Bäumen.
„Zwitscher, Zwitscher."
Für die Häschen begann der Tag wie immer.

Liebevoll wurden
sie von ihrer Mama
geweckt. Sie streichelte jedem
ihrer kleinen Häschen über den Kopf. Dann gab es
für sie ihr Hasenfrühstück. Mama fütterte sie mit
Grünzeug, damit sie groß und stark wurden.

Die Häschen hatten einen wunderschönen
Vormittag mit ihrer Mama. Später hoppelten sie
zum Spielen in den Wald.

„Mama kümmert sich so sehr um uns", sagte Klopfer.
„Wir sollten auch etwas Nettes für sie tun."
Seine Schwestern stimmten zu. Sie liebten ihre
Mama, und das wollten sie ihr zeigen.

„Lasst uns einen Korb für sie flechten", schlug
Klopfer vor.

Im ganzen Wald suchten die Häschen nun nach den passenden Zweigen für ihren Korb.

Dann setzten sie sich auf eine Lichtung und flochten die biegsamen Zweige zusammen.

Der Korb wurde so stabil und stark wie die Liebe zu ihrer Mama.

Der Korb war fast fertig. Doch irgendwas fehlte noch. „Blumen!", rief Daisy.

Die Häschen pflückten Butterblumen, Gänseblümchen und Lilien. Die kleine Tessie fand sogar etwas rosafarbenen Klee.

Die Wiesenlerchen zwitscherten in den Bäumen über ihnen. Aber die fünf Häschen hörten sie gar nicht. Sie hatten nur Augen und Ohren für den Korb. Vorsichtig schmückten die Häschen den Korb mit den zarten, duftenden Blumen. Es sollte das perfekte Geschenk für ihre Mama werden.

Der Korb war nun schön geschmückt. Doch irgendwas fehlte immer noch. Trixie hoppelte davon und kehrte bald mit einer prallen Brombeere in den Pfoten zurück. Ria lächelte. „Mama liebt Beeren!", sagte sie.

Die Beeren waren saftig und reif, perfekt für kleine Häschenbäuche.

Bienen summten inmitten des Brombeerfeldes.

Aber die fünf kleinen Hasen hörten sie nicht.

Sie füllten den Korb vorsichtig mit den wertvollen Leckereien.

Dann waren sie fertig: Der Korb war stark,
wunderschön und wertvoll. Stolz trugen sie ihn
nach Hause zu ihrer Mama.

Und die dankte ihren Häschen
mit etwas, was genauso stark,
wunderschön und wertvoll war:
einer festen Umarmung.

Die Häschen kuschelten sich dicht aneinander.
„Wir haben dich lieb, Mama!", sagten sie.
„Und ich hab euch lieb, meine Häschen!",
antwortete sie lächelnd.

Klopfer
FINDET EINE FREUNDIN

Unter der warmen, hellen Sommersonne
spielten Klopfer und seine Schwestern Fangen auf
der Wiese. Ein Häschen jagte und ein Häschen
wackelte; ein Häschen duckte sich und
ein Hase kicherte;
und ein Hase ging in Deckung …

... und entdeckte jemanden, der nicht gefunden werden wollte. Klopfer wurde ganz still, als er sah, dass das Tier schlief.

Das Wesen war ein Igelmädchen. Es war wohl gerade seine Schlafenszeit.

„Hallo!", sagte Klopfer. „Möchtest du Fangen spielen?"

Das Igelmädchen rührte sich langsam, dann stolperte es und purzelte aus seinem Schlafplatz. Damit hatte es nicht gerechnet.

Aber es antwortete nicht. Stattdessen rollte es sich zu einem stacheligen, kleinen Ball zusammen. Klopfer war verwirrt. Wollte sie nicht seine Freundin sein und mit ihm spielen? Doch dann hatte er eine Idee. Er würde dem Igelmädchen etwas Leckeres schenken. Schnell hoppelte Klopfer los und pflückte ein paar saftige Beeren.

Mit den Beeren hüpfte Klopfer zurück zu dem
Igelmädchen. Er legte einige Beeren neben es und
wartete. Aber das Igelmädchen war ganz still. Es
schien nicht sehr interessiert an den Beeren oder
daran, Klopfers Freundin zu sein. Nun wusste
Klopfer nicht mehr weiter.

Das Igelmädchen blieb stumm. Klopfer wusste
nicht, was er tun sollte.

Also hoppelte er zu seinem Vater.

„Papa", fragte er, „warum möchte das Igelmädchen
nicht mit mir befreundet sein? Dabei war ich so
nett zu ihm."

Klopfers Papa lächelte. „Manche brauchen ein wenig Zeit, bis sie einem neuen Freund vertrauen. Hab etwas Geduld!", sagte er.
Klopfer nickte und tollte bald wieder mit seinen Schwestern über die Lichtung.

Die Häschen hüpften und alberten herum.

Dann beschlossen sie, ein neues Spiel zu spielen:

Bocksprung!

Das machte großen Spaß.

Doch das Igelmädchen tauchte einfach nicht auf.

Nach einer Weile dachte Klopfer, dass er nun
bestimmt genug Geduld gehabt hatte. Also
schaute er hinter dem Busch nach und rief:
„Wollen wir Freunde sein?"
Als keine Antwort kam, war Klopfer verwirrt.
Das Igelmädchen war verschwunden! Klopfer wurde
ein wenig traurig. Er fand gerne neue Freunde.

Als Klopfer gerade zu seinen Schwestern zurückkehren wollte, hörte er eine leise Stimme: „Hallo. Darf ich mitspielen?"
Das Igelmädchen blickte ihn freundlich an.
„Natürlich!", antwortete Klopfer glücklich.
Gemeinsam gingen sie zu seinen Schwestern hinüber.

Und so spielten an diesem wunderbar warmen Sommernachmittag fünf kleine Häschen und ein kleines Igelmädchen Fangen im Wald.

Die Häschen und das Igelmädchen jagten einander munter über die Wiese, und dabei kicherten und hoppelten sie ausgelassen.

Und Klopfer war glücklich, eine neue Freundin gefunden zu haben.

GUTE NACHT,
Klopfer

Der Mond schien hell. Die Sterne funkelten. Nur Klopfer war noch hellwach. Er trat aus dem Bau und schnupperte die frische Luft. Er hüpfte ein wenig weiter und schnüffelte wieder. Klopfer wusste, dass er nicht ohne die Erlaubnis seiner Eltern hinausgehen durfte. Schließlich aber überwog seine Neugierde, und er hoppelte schnell den Pfad hinunter.

Klopfer hoppelte um den Teich herum.

Da hörte er die leise Stimme einer Ente:

„Quak! Quak!"

Am Ufer des Teichs verteilte die Entenmama
gerade Gutenachtküsse an ihre Küken.
Schlaft gut, ihr kleinen Enten!

Klopfer hoppelte weiter und kam an ein offenes
Feld. Auf dem Feld sah er eine winzig kleine Maus.
Sie wusch ihr Gesicht mit einem Tautropfen.
Gute Nacht, kleine Maus!

Klopfer lief tiefer in den Wald hinein.

Hoch oben in einem Baum fielen einem

Eichhörnchen und einem Streifenhörnchen

gerade die Augen zu.

Schlaft gut, ihr Kuschelhörnchen!

Dann hörte Klopfer ein Geräusch. Er hörte
genau hin: Es war seine Mama, die ihn rief.
Es war Zeit, nach Hause zu gehen.

Zu Hause erwarteten ihn bereits seine Schwestern.

„Klopfer!", riefen sie. „Wo hast du bloß gesteckt?

Wir haben dich schon vermisst!"

Die Häschen kuschelten sich zusammen.
Ihr Papa erzählte ihnen noch eine Geschichte.
Und schon bald waren alle Häschen
eingeschlafen. Nur Klopfer war
noch wach.

Doch dann gaben Papa und Mama ihm einen Gutenachtkuss. Danach dauerte es nicht mehr lange, und Klopfer fielen die Augen zu.
„Gute Nacht, Klopfer", flüsterten seine Eltern.